UN MOT

SUR

M. BARNAVE

Député du Dauphiné aux États-Généraux

PAR

EMMANUEL DE BEAUFOND

PARIS

J. MERSCH, IMPRIMEUR

4bis, AVENUE DE CHATILLON, 4bis

—

1895

UN MOT

SUR

M. BARNAVE

Député du Dauphiné aux États-Généraux

PAR

EMMANUEL DE BEAUFOND

PARIS

J. MERSCH, IMPRIMEUR

4bis, AVENUE DE CHATILLON, 4bis

—

1895

A

MADÀME DE PÉLAGEY

RESPECTUEUX HOMMAGE

Un mot sur M. Barnave

DÉPUTÉ DU DAUPHINÉ AUX ÉTATS-GÉNÉRAUX

En consacrant à M. Barnave ces très modestes pages, nous n'avons pas l'intention d'écrire la vie du célèbre député du Dauphiné aux États-Généraux. D'autres plus habiles, M. Alexandre de Lameth, dans son *Histoire de l'Assemblée constituante,* et plus tard M. Béranger de la Drôme, ont accompli cette tâche avec un grand bonheur.

Notre seul but est d'éclaircir un point demeuré obscur, et jusqu'à présent dénaturé pour ainsi dire à plaisir.

Il s'agit de savoir si M. Barnave eut des relations avec la Cour, et de quelle nature furent ces relations. On n'a pas hésité à représenter sans cesse le député du Dauphiné comme un personnage à double face, on n'a pas craint de dire que le promoteur du Serment du Jeu de Paume abandonna les principes qu'il avait paru défendre tout d'abord pour appuyer une cause opposée à celle qu'il avait soutenue auparavant.

Si on n'a pas été jusqu'à reprocher à M. Barnave d'avoir été corrompu par l'argent royal, comme le comte de Mirabeau, c'est tout ; encore n'a-t-on pas hésité à insinuer qu'il avait acquis des sommes immenses. On a parlé, savamment sans doute, d'une fortune de quatre millions placée en Angleterre (1). Toutefois les procès-verbaux indiquant le patrimoine du député du Dauphiné, lors de son arrestation, prouvent que celui-ci était loin, très loin même d'avoir une pareille fortune.

A la question, Barnave eut-il des relations à la cour ? nous répondrons : oui, et nous ajouterons que ces rapports furent conformes aux principes professés par ce député.

Ces relations sont constatées par son ami intime, M. de Lameth, et par M. Béranger de la Drôme ; toutefois ce dernier commet une petite inexactitude quand il écrit que M. Barnave n'eut que des rapports indirects avec la Cour et qu'il ne parut point aux Tuileries (2).

M. Barnave, selon M. de Lameth, eut plusieurs entrevues avec la reine Marie-Antoinette, racon-

1. *Lettres adressées par Achard de la Germane à M. de la Coste.* Valence, 1891, 1 vol. in-8, p. 56.

2. *Œuvres de Barnave,* publiées par M. Bérenger de la Drôme. Paris, 1843, 4 vol. in-8, tome Ier, p. xcy.

tées d'une façon fort intéressante. M. de Lameth
y est amené en combattant plusieurs assertions
de Mme Campan.

« A cette époque, dit-elle (Mme Campan),
c'était vers la fin de 1791. Barnave avait obtenu
de la Reine de lire toutes les lettres qu'elle écri-
rait ; et malheureusement ce qui entraînait le plus
rapidement la Cour vers sa perte, c'était la diversité des conseils, et la difficulté de condescendre
d'un côté à une partie des vues des constitutionnels et de l'autre à celle des princes français et
même des Cours étrangères. Il y a bien quelque
vérité dans cet article sur la diversité des conseils
auxquels la Cour se livrait successivement.
Ceux du baron de Breteuil étaient sans doute
les plus nuisibles par son opposition personnelle
à tout ce qui se faisait en France. Mais j'ai
de puissants motifs à croire que la Reine eût
été alors fort éloignée d'acquiescer à rien de
ce qui aurait pu lui être conseillé par les princes
ses deux beaux-frères. Au surplus, ce qu'il y a
de positivement faux, c'est que Barnave ait jamais
demandé à la Reine et obtenu d'elle le droit de
lire les lettres qu'elle écrivait. Barnave n'a vu la
Reine qu'un petit nombre de fois, et toujours ac-
compagné de Duport et moi, à l'exception d'une
seule fois au moment de son départ pour le Dauphiné. Jamais il n'a pris part à sa correspon-

dance, si ce n'est pour une lettre fort importante.

« En parlant des relations et de la correspondance que nous eûmes avec la Cour vers la fin
de l'Assemblée, Mme Campan cite une lettre
qu'elle suppose avoir été écrite à la Reine par
Barnave. Cette lettre qu'elle dit elle-même ne se
rappeler que de mémoire, est entièrement con-
trouvée. Rien ne le prouve mieux que les observations qu'elle attribue à Barnave et qui sont en
opposition manifeste avec ses opinions et ses
sentiments. Ce que la fierté de son caractère et la
justesse de son esprit ne repoussent pas moins,
c'est l'idée qu'il ait pu terminer cette prétendue
lettre en disant qu'il mettait aux pieds de Sa Majesté le seul parti national qui existât encore.
Certes, quelque respectueuses qu'aient été nos
relations avec la Reine, je puis affirmer que nous
n'avons pas un seul moment oublié notre propre
dignité et celle dont nous étions investis par la
confiance de notre pays.

« Enfin, on pourra apprécier par la phrase suivante, si les jugements que porte Mme Campan
sont toujours bien réfléchis : « Barnave et ses
« amis présumaient trop de leurs forces ; ils les
« avaient épuisées en combattant la Cour. » Mais
c'était précisément cette opposition à la Cour qui
avait accru leurs forces, et ce ne fut que lorsque
les dangers de l'État et le salut de la liberté leur

imposèrent d'écouter des propositions qu'ils
avaient rejetées quand l'autorité était puissante,
ce fut alors seulement que leur popularité put en
recevoir quelque atteinte (1). » '

De son côté, M. Bérenger nous apprend que
Louis XVI, ayant complètement dépouillé les
préventions dont il était animé contre MM. Duport, Barnave et Lameth, leur fit à différentes
reprises demander leur opinion sur la marche des
affaires (2).

Une fois la certitude des relations de Barnave
avec la Cour établie, nous devons rechercher de
quelle époque datent ces relations et quelles elles
furent.

On est tenté de faire remonter ces rapports à
l'événement de Varennes, à la suite duquel
M. Barnave fut nommé commissaire de l'Assemblée pour se rendre à la rencontre du monarque.
On a raconté que le jeune député se montra tou-
ché des malheurs du roi, et des hommes éminents
ont même parlé de la *conversion* de M. Barnave (3).

Mais ceci est une erreur, et il serait difficile
d'affirmer que le voyage de Varennes ait influé

1. Alexandre Lameth, *Histoire de l'Assemblée constituante.* Paris, 2 vol. in-8, 1828-1829, tome Ier, p. xxvii,
xxviii, xxix.
2. *Œuvres de Barnave,* op. cit. Tome Ier, p. cx.
3. Baron Malouet, *Mémoires.* Paris, 1868, 2 vol. in-8,
tome Ier, p. 69.

sur l'opinion politique de Barnave, qu'en un mot il se soit laissé séduire par la famille royale.

Si ce n'est pas à l'époque de Varennes que M. Barnave et ses amis se rapprochèrent de la Cour, cherchons quelle fut la date de cet acte politique. Un premier témoin, peu suspect du reste, c'est M. de La Fayette ; sa déposition est très précieuse, la voici :

« On a prétendu, écrit-il dans ses Mémoires, que MM. de Lameth, Duport et Barnave, qui, *depuis quelque temps, avaient des rapports secrets avec la Cour,* étaient dans la confidence de cette évasion (Varennes)... mais aucune preuve, aucun aveu ne sont venus corroborer ces vagues assertions (1). »

Ce que nous apprend l'ancien commandant de la garde nationale nous fait voir que la mission de M. Barnave n'entra pour rien dans ses rapports avec la Cour.

On peut présumer que les négociations furent commencées au mois de février 1791 ou au commencement du mois suivant.

M. Gouverneur-Morris, depuis ambassadeur des États-Unis en France, et qui demeurait alors à Paris, nous rend compte d'une conversation qu'il eut, le 3 mars, avec MM. Barmont et Bergasse :

1. Lafayette, *Mémoires, Correspondances et Manuscrits.* Paris, 1827, 6 vol. in-8, tome III, p. 98.

« Nous causâmes longtemps des affaires publiques, écrit ce diplomate, car tel a été le but de
leur visite. Ils m'apprennent que la Reine intrigue
en ce moment avec Mirabeau, *le comte de Lameth*
et le comte de Mercy-Argenteau (1). »

Pour n'être pas nommés par M. Gouverneur-
Morris, MM. Barnave et Duport n'ont pas été
sans connaître les ouvertures dont il s'agit, ni
sans avoir donné à M. de Lameth l'appui de leurs
conseils et de leurs observations.

Les négociations prirent plus de consistance
durant le mois d'avril. Bien que l'on ait pu jeter
des doutes sur la lettre envoyée de la part du Roi
par M. de Montmorin, ministre des Affaires étrangères, aux représentants de France à l'étranger,
il paraît difficile que les chefs du parti constitutionnel n'aient pas mis la main à ce document
demeuré célèbre.

L'époque à laquelle il fut écrit ne paraît pas
devoir laisser grand doute à ce sujet.

Dans cette lettre du 23 avril 1791, M. le comte
de Montmorin exposait aux puissances étrangères
la conduite du Roi à l'égard de la Révolution et
de la Constitution :

« Donnez de la Constitution, écrivait le ministre, l'idée que le Roi s'en forme lui-même ; ne

1. *Mémorial de Gouverneur-Morris*. Paris et Leipzig,
1841, 2 vol. in-8, tome Ier, p. 309.

laissez aucun doute sur l'intention de Sa Majesté de la maintenir de tout son pouvoir. En assurant la liberté et l'égalité des citoyens, cette Constitution fonde la prospérité nationale sur les bases les plus inébranlables, elle affermit l'autorité royale par les lois, elle prévient, par une révolution glorieuse, la révolution que les abus de l'ancien régime aurait bientôt fait éclater, en causant peut-être la dissolution de l'empire ; elle fera le bonheur du Roi. Le soin de la justifier, de la défendre et de la prendre pour règle de votre conduite doit être votre premier devoir. »

Il est bon de remarquer que la reine Marie-Antoinette, tout en ne cachant pas ses sentiments contre cette dépêche, affirme qu'elle a été rédigée par des députés à l'Assemblée nationale, que ces députés ont cru qu'elle était indispensable et devait recueillir un grand succès (1).

Or, quels députés, si ce ne sont ceux desquels on aurait dû se rapprocher, ont pu collaborer à ce document ? Il serait peu avisé de les chercher parmi ceux qui combattaient la révolution, ni dans ceux, en nombre encore très restreint, qui désiraient de voir la révolution plus radicale.

On doit de plus remarquer qu'à l'époque où

---

1. A.-F. Bertrand de Molleville, *Histoire de la Révolution de France, pendant les dernières années du règne de Louis XVI.* 14 vol. in-8, Paris, 1801-1803.

parut la lettre de M. de Montmorin, les négociations dont nous avons parlé plus haut se conti-
nuaient.

C'est à M. Gouverneur-Morris que nous allons
emprunter ces nouveaux détails. Ce diplomate
affirme en effet que la Cour est en pourparlers
avec les chefs des Jacobins. Les Jacobins n'étaient
pas encore ce qu'ils devaient devenir quelques
semaines et surtout quelques mois après, et
MM. de Lameth, Duport et Barnave, qui avaient
aidé à la formation de cette Société, ne l'avaient
pas encore quittée, comme nous le verrons plus
bas.

Ce sont l'abbé de Barmont et M. Terrier de
Monciel (1) qui servent d'intermédiaire (2).

Arrive l'événement de Varennes (juin 1791),
M. Barnave est nommé, par l'Assemblée, commissaire avec MM. de Latour-Maubourg et Pétion
pour aller au-devant du monarque fugitif et de sa
famille. Va-t-il, comme on l'a prétendu, se laisser
influencer et séduire par les malheurs du Roi? Si
la courtoisie et la bonne éducation doivent rendre
un homme suspect, Barnave s'est rendu coupable
de cette faute. Il a en effet, avec M. de Latour-
Maubourg, une conduite qui contraste avec le

1. Avant-dernier ministre de l'Intérieur de Louis XVI.
2. *Mémorial de Gouverneur-Morris,* op. cit. Tome Iᵉʳ,
p. 301.

sans-gêne de M. Pétion. Ce dernier mangeait dans la voiture royale sans se préoccuper de ses augustes voisins. La Reine demanda à Barnave s'il n'avait pas besoin de prendre quelque chose, celui-ci de répondre : « Madame, dans une circonstance aussi solennelle, les députés de l'Assemblée nationale ne doivent occuper Vos Majestés que de leur mission et nullement de leurs besoins. »

On vit ensuite M. Barnave défendre un pauvre curé qui avait eu l'imprudence de s'approcher du Roi et qui allait être massacré. Il s'élance près de la portière et s'écrie : « Tigres, avez-vous cessé d'être Français ? » Et la pieuse Madame Élisabeth, touchée de cet acte et effrayée du sort de ce jeune député, de retenir celui-ci par la basque de son habit. Mais tout cela ne constitue pas de graves accusations, supposons-nous ?

Du reste, si M. Barnave montra du respect et de la déférence envers la famille royale, on peut dire qu'il lui eût été difficile d'avoir avec elle des entretiens bien suivis. M. Pétion, peu ami du député du Dauphiné, et qui ne le quitta pas, atteste le fait à plusieurs reprises dans la relation' qu'il nous a laissée du retour de Varennes. Voici comment il s'exprime :

« Nous arrivons à Dormans. J'observe plusieurs fois Barnave, et quoique la demi clarté qui régnait ne me permît pas de distinguer avec une grande précision, son maintien avec la Reine me paraissait honnête et réservé et la conversation pas mystérieuse (1). » Plus loin M. Pétion ajoute que M. Barnave eut un entretien avec Marie-Antoinette, et il s'exprime ainsi : « Barnave causa un instant avec la Reine d'une manière indifférente (2). » Et puis c'est tout.

M. Barnave a, du reste, pris la peine de se défendre d'avoir eu après Varennes une conduite nouvelle.

Comment jusqu'à la dissolution de l'Assemblée constituante M. Barnave va-t-il se conduire à l'égard des Tuileries? Sur ce point les documents ne sont pas abondants. Toutefois M. Malouet, dont les opinions politiques ne ressemblaient pas à celles du député du Dauphiné, nous fait assister à une entrevue qu'il eut avec celui-ci et dans laquelle M. Barnave indique les sentiments dont il était alors animé.

Après l'événement de Varennes, les membres de la droite à l'Assemblée constituante résolurent d'assister aux séances, mais sans se mêler aux délibérations sous le prétexte que ni le Roi, ni l'opposition n'étaient libres.

1. Mortimer Terneaux, *Histoire de la Terreur.* Paris, 1867-1881, 8 vol. in-8, tome Iᵉʳ, p. 361.
2. *Histoire de la Terreur,* op. cit. Tome Iᵉʳ, p. 364.

« Il fallait, dit M. Malouet, s'opposer à tout prix à cette fabrique journalière de mauvaises lois et tendre à en diminuer le nombre, à en atténuer les funestes effets, ce qui serait arrivé le plus souvent, si cent bons députés n'avaient abandonné leur poste, et si ce qui restait ne s'était abstenu de voter au moment même où le parti constitutionnel (M. Barnave et ses amis politiques) consentait à la révision de toutes les lois fondamentales. Ce projet qui me fut confié avant d'être proposé à l'Assemblée me parut encore une ressource à laquelle je devais m'attacher (1). »

A peu près à cette époque, M. Malouet, qui croyait toujours à la *conversion* de M. Barnave eut avec celui-ci une conversation à l'issue d'une séance du Comité des Colonies.

« J'ai dû vous paraître bien jeune, dit M. Barnave à M. Malouet, mais je vous assure que depuis quelques mois j'ai beaucoup vieilli. »

M. Malouet répondit qu'effectivement le croyant maintenant arrivé à la maturité de son talent, il était temps d'en faire un bon usage. Ces deux hommes politiques commençaient alors à approfondir les questions du jour.

« Sauf une douzaine de députés, dit M. Barnave, tels que Pétion, Rewbel, Buzot, Robes-

1. Baron Malouet, *Mémoires*, op. cit. Tome I⁰ʳ, p. 68 et 69.

pierre, Dubois-Crancé, etc..., tous les constitutionnels ont le même désir qui est de terminer la
révolution et de rétablir l'autorité sur des bases
plus larges. La révision des décrets nous en
donnera le moyen. Si le côté droit veut y prendre
part sans enflammer le côté gauche par une opposition absolue, si vous voulez enfin reconnaître les
points principaux de la Constitution, nous élague-
rons tout ce qu'il sera possible d'élaguer sans
alarmer les démocrates. Mais que pensez-vous du
côté droit? Que veut-il? Que fera-t-il? — Je lui
dis (répondit M. Malouet), la minorité n'a point
de projet arrêté, malheureusement elle n'en a
jamais eu. Son état habituel est l'exaspération
que vous avez excitée, l'humeur, le dégoût de tout
ce qui se fait, une espérance vague que tout crou-
lera. Ils n'attendent rien de votre révision, parce que
tout ce que vous voudriez considérer comme
nécessaire, nous paraît, sauf les vrais principes de
liberté, dangereux et insoutenable. — Quoi, me
dit-il, en êtes-vous là aussi. — Oui, avec la diffé-
rence que je compte beaucoup ce que vous voulez
et ce que vous pourrez faire et que j'y concourrai
de tout mon pouvoir par moi et par mes amis. —
Mais combien de voix cela vous fait-il? répliqua
M. Barnave. — Quarante à cinquante, pas davan-
tage, et cela suffit, ce qui restera d'opposition
servira à constater la liberté des suffrages. Et vous

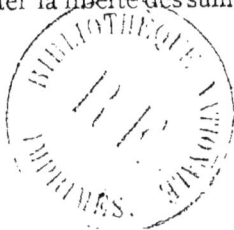

êtes bien sûr, vous, de la majorité? — Je ne pensais pas que dans la minorité un si grand nombre persistât dans le projet dont on m'avait fait part de ne plus voter (1). »

A ce moment survint M. Chapelier et la conversation continua sur le même sujet. Toutefois M. Chapelier parut insister plus que M. Barnave sur la nécessité d'obtenir l'acquiescement de la minorité à l'acte constitutionnel modifié.

M. Malouet répondit que la modification étant incertaine et probablement incomplète, tandis que les motifs d'opposition demeuraient en si grand nombre, il ne pouvait de lui-même prendre aucun engagement.

MM. Chapelier et Barnave dirent alors au député de la droite : « Mais obtenez que vos amis fassent comme vous, et qu'après avoir beaucoup censuré et déclamé, ils se soumettent.

« Comment voulez-vous que si l'Assemblée aperçoit ainsi un foyer de résistance, toutes les arrières-pensées de l'aristocratie, nous en séparions le Roi pour lequel et au nom duquel ils luttent obstinément? Comment consentirons-nous à rendre à l'autorité royale l'énergie dont elle a besoin, si nous avons à craindre qu'on la tourne contre nous? Vous voulez la suppression des clubs

1. Baron Malouet, *op. cit.* Tome Ier, p. 68 et 69.

et vous avez raison; vous voulez la suppression
de la canaille révolutionnaire, nous aussi, mais
nous en serons dévorés, si nous nous rapprochons
de votre ligue pour y trouver, quoi? une force
commune? non, des ennemis. »

M. Malouet avoue qu'il lui était impossible de
méconnaître la justesse de ce que venaient de lui
dire ses deux collègues, et qu'il était forcé de
n'être pas de très bonne foi en répondant à ses
interlocuteurs. En fin de compte, il proposa à
MM. Barnave et Chapelier un arrangement qui
sembla plaire à ceux-ci.

« Les débats de la révision de l'acte constitutionnel vont commencer, il ne m'en coûte rien,
dit M. Malouet, de braver la mauvaise humeur de
l'Assemblée. Je vous offre d'attaquer votre acte
constitutionnel dans toutes les parties qui en sont
susceptibles. Je vous promets des observations
sages et conséquentes sur les points mêmes que
vous voulez défendre, à plus forte raison sur ceux
dont vous connaissez les vices et le danger. Eh
bien, je ne vous demande que de céder sur cela
franchement et simplement, et pour le faire avec
avantage, vous, M. Chapelier, vous me répon-
drez, vous m'accablerez, si bon vous semble, de
sarcasmes, de reproches, de mon indifférence pour
la Constitution, et quant aux moyens de gouvernement sur lesquels nous sommes à peu près

d'accord, vous direz que vous n'avez besoin ni
des censures, ni des lumières de M. Malouet pour
reconnaître que tel décret était susceptible de telle
modification, qu'il était dans l'intention du comité
de le proposer, et tout de suite vous présenterez
les bases d'un nouveau décret, tel qu'il en résulte
un gouvernement vraiment monarchique (1). »

Quelques jours après, M. Malouet parla dans ce
sens à la tribune, mais le silence opiniâtre de la
minorité, l'émigration, les bruits que faisaient
sans cesse courir les partisans de l'ancien régime
empêchèrent le parti constitutionnel de donner
suite au projet que nous venons d'indiquer.

Au moment du retour de Varennes et des événements du Champ-de-Mars, auxquels un certain
nombre de Jacobins fut mêlé, les députés faisant
partie de cette Société, sauf quelques-uns, pen-
sèrent qu'il n'était plus permis aux auteurs mêmes
des lois de siéger dans un endroit où l'on venait
de conspirer contre elles, ni de demeurer associés
à ceux qui s'étaient ligués pour renverser la Constitution. La pétition présentée au Champ-de-
Mars avait comme principal but de se débarrasser
de Louis XVI. Tous les députés jacobins, sauf un
petit nombre, adressèrent une lettre aux Sociétés
des départements, puis formèrent une nouvelle

1. *Mémoires* de Malouet, op. cit. Tome II, p. 71,
72, 73.

réunion connue sous le nom de *Club des Feuil-lants* (1).

Plusieurs chefs du parti constitutionnel s'oppo-sèrent à cette fondation, notamment MM. Alexan-dre de Lameth et Barnave. Tous deux ils avaient reconnu l'inconvénient des clubs, mais tous deux poussés par la majorité de leurs amis politiques crurent pouvoir donner leur adhésion à la forma-tion de cette Société dont l'existence bien éphé-mère fut traversée de nombreuses vicissitudes.

On ne saurait arguer de la fondation de cette Société que M. Barnave ait changé d'opinion, car si les Feuillants n'ont pas laissé un grand sou-venir, on sait que leur but était de soutenir la Constitution déjà battue en brèche de bien des côtés.

La Constitution, terminée à la fin du mois d'août 1791, était l'œuvre des hommes de 1789, c'était elle que les députés, sur la proposition de M. Barnave, avaient juré d'achever avant de se séparer. Ce grand ouvrage achevé, Louis XVI voulut connaître l'opinion de ceux qui, par leur position politique, jouaient un rôle important.

Tous les ministres du Roi (2), à l'exception de

1. *Histoire de la Révolution de France,* par deux amis de la Liberté. Paris, 1792-1803, 19 vol. in-12, tome VI, p. 248, 249, 250.
2. Les autres ministres du Roi étaient MM. Duport-

celui des Affaires étrangères, le comte de Montmorin, insistèrent pour que le Roi acceptât dans
son entier la Constitution. M. Malouet opinait
pour que Louis XVI s'expliquât avec sincérité sur
les vices et les dangers de l'acte qui lui était
présenté (1).

Enfin les principaux membres du parti constitutionnel, MM. de La Fayette, de Lameth, Duport,
Thouret et *Barnave*, réunis chez le garde des
sceaux, M. Duport-Dutertre, après avoir mûre-
ment examiné la question, conclurent à l'accepta-
tion pure et simple de la Constitution (2).

Après la séparation de l'Assemblée constituante, M. Barnave demeura quelque temps soit
à Paris, soit dans les environs, chez M. Charles
de Lameth (3). Durant ce temps il se reposa de
ses fatigues et se trouva à même de donner
quelques conseils à la Cour. Mais il faut bien le
reconnaître, M. Barnave ne se vit jamais écouté
par le Roi, et il ne le fut que rarement par Marie-
Antoinette (4), ce qui prouverait que ses avis ne

Dutertre (Justice), de Lessart (Intérieur), Tarbé (Con-
tributions publiques), Thévenard (Marine), Duportail
(Guerre).

1. Campan, *Mémoires sur la vie privée de Marie-
Antoinette*. Paris, 1822, 3 vol. in-8, tome II, p. 161.

2. *Mémoires* de Malouet, op. cit. Tome II, p. 79.

3. Archives nationales, W, 5298.

4. X. de Sybel, *Histoire de l'Europe pendant la Révolution française,* 1869-1886, 6 vol. in-8, tome Ier, p. 330.

renfermaient aucune hostilité contre la Constitution.

C'est ainsi que l'ancien député du Dauphiné, de concert avec MM¶ Duport et Garnier, écrivit un rapport au sujet du décret contre les prêtres insermentés, décret auquel le Roi refusa sa sanction (1).

Vers la même époque, M. Barnave fit avec ses amis, MM. de Lameth, un mémoire pour l'empereur d'Autriche, mémoire que la Reine qualifia de très mauvais.

Nous ne pouvons rien préciser sur ce travail, mais il s'agit vraisemblablement d'un mémoire dont le comte de Fersen donne le contenu et qui est daté du 25 novembre 1791. Nous en détachons un passage qui tend à prouver que la pièce ainsi mentionnée émane des constitutionnels. « Le Roi, y est-il dit, ne veut ni ne doit revenir sur ce qui a été fait, il faut que la majorité de la nation le désire ou qu'il y soit forcé par les circonstances, et dans ce cas, il faut qu'il acquière confiance et popularité en agissant dans le sens de la Constitution, en le faisant exécuter littéralement, on en connaîtra plus tous les vices, surtout en écartant les inquiétudes que donnent les émigrés ; s'ils font une irruption sans des forces

1. Baron R. M. de Klinckowström, *Le comte de Fersen et la cour de France,* 1878, 2 vol. in-8.

majeures, ils perdront la France et le Roi (1). »

Il est probable que ce fragment dépend du mémoire écrit par M. Barnave, mais comme nous l'avons dit, les conseils du parti constitutionnel ne touchaient que fort peu la Cour, qui attendait plutôt des secours du dehors que des amis fidèles restés au dedans, royalistes, constitutionnels et Feuillants. C'est en vain que M. Barnave reprochait respectueusement à la reine Marie-Antoinette ses défiances sur les forces du parti constitutionnel, sur le drapeau duquel, tout déchiré qu'il était, on pouvait encore lire le mot Constitution. L'ancien député du Dauphiné affirmait à la reine que cette Constitution reprendrait toute sa force, si le roi et ses amis consentaient à s'y rallier de bonne foi, et il ajoutait que les erreurs de cette charte pouvaient être réparées. M. Barnave faisait également observer à Marie-Antoinette que le vœu public était pour l'ordre établi, et qu'on ne devait compter ni sur les émigrés, ni sur les Cours étrangères. Ces sages conseils ne furent pas suivis, aussi au commencement de 1792, voyant qu'il n'avait plus rien à faire, M. Barnave résolut de retourner en Dauphiné.

Son entrevue avec la reine Marie-Antoinette, le jour qu'il prit congé de cette princesse, fut em-

1. *Le comte de Fersen et la Cour de France,* op. cit. Tome Ier, p. 232. — Tome II, p. 9.

preinte de tristesse, et les prédictions de Barnave ne devaient pas tarder à se réaliser.

« Vos malheurs, Madame, et ceux que je prévois pour la France, m'avaient déterminé à vous servir. Je vois que mes avis ne répondent pas aux vœux de Votre Majesté ; j'augure peu de succès du plan que l'on vous fait suivre. Vous êtes trop loin des secours, vous serez perdue avant qu'ils viennent à vous. Je désire ardemment me tromper dans une aussi douloureuse prédiction, mais je suis bien sûr de payer de ma tête l'intérêt que vos malheurs m'ont inspiré, et je demande comme toute récompense, l'honneur de baiser votre main. »

La Reine accorda cette faveur à M. Barnave et conserva de lui l'idée la plus honorable (1).

Rentré dans ses foyers, M. Barnave ne prit plus une part directe aux affaires publiques. Ayant refusé d'être maire de Grenoble, l'ancien député se contenta d'un grade dans la garde nationale (2).

Toutefois, Barnave suivait avec intérêt les événements de Paris, et les débats de la législature ; il donne plusieurs fois ses impressions à ses amis dans des lettres malheureusement peu nombreuses, mais qui ont une si grande importance

1. *Mémoires de Mme Campan,* op. cit. Tome II, p. 192 et 202.
2. Archives nationales, W, 13.

qu'on nous sera gré de les citer en entier.

Après s'être déclaré contre la guerre (1), Barnave examine ce que sera cette guerre et quels événements elle pourra engendrer.

Grenoble, 4 mars, 1792.

« La mort de l'empereur et le changement de ministère ont toujours dû paraître un pronostic de guerre et l'aigreur de la dernière dépêche, et le ton que notre gouvernement paraît avoir employé viennent à l'appui de ces conjectures.

« J'ai déjà cherché à conjecturer quel serait le résultat général d'une guerre et dans une dernière lettre je vous ai donné mes premières idées sur cela. Voici maintenant comment j'aperçois le même résultat dans ses rapports avec le Roi et la Monarchie.

« Quel que soit le manifeste ou le prétexte de la guerre un but principal sera d'obliger la nation à modifier la Constitution en faveur du roi et des nobles.

« Le roi entrera secrètement dans ces idées, s'il y entre et s'il les favorise par les moyens qu'il pourrait avoir indépendamment de ses agents, voici quel en sera le résultat :

1. La guerre fut déclarée en avril 1792, sous le ministère girondin.

« Il est possible dans les premiers temps que cette croisade réussisse, que la majorité de la nation soit abattue par les premiers revers et qu'elle adopte les conditions que le Roi se portant comme médiateur voudrait lui prescrire.

« Mais un grand nombre d'hommes, hardis et déterminés, accoutumés aux entreprises audacieuses, et accrédités dans le peuple demeureront indignés de cette transaction qu'ils n'auront pas eu le crédit de faire rejeter (mots illisibles). C'est le ferment d'une nouvelle révolution.

« Comme la force contre laquelle ils auront à combattre ou plutôt qu'ils devront attaquer sera composée de la noblesse et du Roi, et qu'elle aura pour elle le gouvernement établi... ils commenceront une guerre dont les effets seront les ravages les plus horribles, dont l'histoire ait jamais offert le tableau, et dont le résultat général sera la spoliation des nobles et le détrônement du roi.

« La Monarchie, je vous l'avoue, pourra se rétablir par la suite, après une longue anarchie, mais l'individu actuel aura succombé à la crise et les maux de l'État irrégulier qui auraient succédé à cette révolution ne peuvent être appréciés ni dans leur intensité, ni dans leur durée.

« J'examine maintenant le résultat dans le cas où le Roi manifesterait hautement sa volonté de rester toujours uni à la nation, la confirmerait par une persévérance courageuse et se déciderait, quoi qu'il pût arriver, à partager les chances de la cause constitutionnelle.

« La nation éprouvera de grands échecs, mais elle finira par l'emporter, et pourchasser l'ennemi, la seule défection du roi pourrait rendre le résultat douteux, mais la guerre durera deux ou trois ans.

« Pendant la guerre, on sera forcé de donner de l'énergie au gouvernement, et on le fera d'autant plus qu'il obtiendra plus de confiance. L'opinion s'attachera aux moyens réels, aux courages réels. Les dangers, les craintes, les désastres, useront chaque jour le vain enthousiasme, la rivalité et les succès du charlatanisme, et la nation acquerra un caractère, elle s'identifiera avec le Roi d'une manière intime ; après la guerre, les opinions sages des hommes qui auront rendu de grands services donneront l'impulsion, et les grandes pertes qu'on aura à réparer, jointes à la confiance que le prince aura acquise, conduiront, peu à peu, à l'établissement d'un système réel d'administration.

« Aujourd'hui toutes les idées sont à lutter contre le pouvoir exécutif, contre les étrangers, les aristocrates, alors que toutes les idées seraient à rétablir le Royaume, à ranimer l'industrie, à raffermir l'ordre public.

« J'ai d'assez vives inquiétudes sur cela, les anciens ministres étant tous éloignés et le Roi paraissant avoir fort peu de confiance dans les nouveaux.

« On ne sait jusqu'à quel point peuvent prendre sur lui les divers conseils dont il peut être entouré, et c'est à cela principalement que tient le sort du Royaume (1). »

Lettre sans date.

« Cet état n'est cependant pas entièrement fixe jusqu'au moment ou je vous écris. Trois des anciens ministres ne sont pas encore remplacés. Rien n'indique cependant d'une manière précise que leur démission soit acceptée. Mais quoi qu'il arrive, le parti contraire domine sans obstacle et vient de marquer son pouvoir avec éclat par l'amnistie accordée aux crimes d'Avignon. Ainsi le système de l'Assemblée constituante s'écroule; il faut renoncer à l'espoir de voir l'anarchie comprimée, et le mouvement de la révolution fixé. Il faut s'attendre que la raison ne viendra qu'après la folie. Je crois bien avec vous, mon cher (mot illisible), que la conduite de nos législateurs vaut quelques regrets à l'Assemblée constituante. Mais

1. Archives nationales, W, 13.

disons qu'elle a abandonné les rênes dans un moment où son expérience pouvait sauver l'État.

« Peut-être tout n'est pas perdu si on avait
qu'à attendre quelqu'ensemble et quelque suite
dans la conduite du Gouvernement. Cette manière d'aller par sauts et par bonds achève d'ôter
tout espoir.

« Le renvoi de Narb(onne) (1) tient du vertige.
S'il avait la majorité, il fallait donc qu'il essayât
de gouverner. Je ne haïssais pas cette alliance du
héros du jour avec un peu de la graine de 89.
Pour que la Constitution s'établisse, il faut que
ceux qui aiment la chose demeurent longtemps
dans l'opposition. Moi j'aimais Narb(onne), il
allait, parlait, il donnait à la nation la première
idée d'un gouvernement actif et régularisé; il sé-
parait ses nouveaux amis de leur secte, et son
renvoi les y repousse. Il faudrait bien des com-
plots pour faire tout le mal que ces secousses
produisent. Pour moi, je m'étais toujours flatté
que tout ceci prendrait une marche par un gouvernement plus ou moins régulier. Mon espoir
m'échappe de jour en jour (2). »

1. Le comte Louis de Narbonne, ministre de la
Guerre du 6 décembre 1791 au 9 mars 1792.
2. Archives nationales, W, 13.

Lettre sans date à M. Dumas.

« C'est du milieu des montagnes... (1), mon cher Dumas, que j'apprends la nouvelle révolution ministérielle, et à la distance où je suis, n'ayant aperçu aucun indice qui l'annonçât, vous devez juger qu'elle doit exciter quelque surprise. Que le ministère jacobin se divise, que son chef, fidèle à cette imprévoyante témérité qui caractérise toute ses démarches, éloigne subitement trois de ses collègues, que bientôt après il succombe lui-même au contre-coup de ce mouvement violent, et qu'il se voit remplacé avec ceux qu'il avait appelés par un ministère tout nouveau, mais sur ce que j'en connais à peu près dans l'esprit de celui que les Jacobins avaient expulsé, que M. de La Fayette au même moment exprime son opinion de la manière la plus prononcée, voilà, certes, de très grands événements. Faut-il s'en réjouir ou s'en affliger, c'est ce qu'il n'est pas facile de prononcer. Si la perfidie et l'incapacité de ces aventuriers politiques étaient généralement connues, si *(mots illisibles)* avait déjà senti les effets de leurs absurdes combinaisons, une révolution qui eut fait succéder le courage à

1. Des montagnes de Bercheny ou de la Drôme.

la présomption, la raison à la folie, eut été la dernière espérance de la nation, et l'aurait probablement sauvée ; mais combien nous sommes loin de là ; on ne se figure jamais combien l'opinion de la masse est en arrière de celle des hommes qui réfléchissent, entre elle et la raison, il y a l'expérience et le temps et cet intervalle là, ne peut se franchir. Ce qui m'afflige surtout c'est que nulle part je ne vois aucun esprit de suite et partout une impatience française qui est le contre-pied de ce qu'il faudrait à notre État... Neuf mois ne sont pas écoulés et déjà trois ou quatre ministères ont paru comme des ombres chinoises, celui qui vient de se former est peut-être le pire pour les circonstances (1). Cette espèce de révolution est dans le conseil, mais elle n'est pas dans la nation, ni dans les événements, ni dans la majorité de l'Assemblée. Comment le conseil se soutiendra-t-il ? Les factieux l'usaient, le déshonoraient par leur puissance même, ils sont invincibles dans l'opposition. Le parti constitutionnel les surveillait et se conservait pour des moments plus heureux ; chargé de tout, à présent où seront les moyens ? A présent, selon moi, tout dépendra des premiers

1. Ce ministère était composé de MM. de Lajard, (Guerre), de Beaulieu (Finances), de Chambonnas (Affaires étrangères), Terrier de Monciel (Intérieur), de Lacoste (Marine), Duranthon (Justice). Les deux derniers ministres avaient fait partie du cabinet girondin.

événements de la guerre. Le plus petit échec suffirait pour culbuter ce nouveau système et il lui faudrait des triomphes éclatants pour s'affermir.

« Si dans ce mouvement violent des esprits, les causes particulières doivent être comptées pour quelque chose, j'attribue une grande partie du mal à la démission inconsidérée de M. de Graves (1). La combinaison d'un honnête homme avec la faction lui laissait sa force et en soutirait le venin. Aujourd'hui, mon cher Dumas, il faudrait pouvoir inoculer à tout le monde votre courage; or, comme vous le savez, les institutions changent mais non les hommes. Ce qui est plus fâcheux que tout, c'est cette inconsistance de la Cour ; combien de faiblesse à prendre ces hommes et combien d'imprudence à les renvoyer... Ce pays-ci tient beaucoup du Midi, il est inondé de *Carra*. Vous jugez que les opinions sont à l'avenant. La majorité distingue peu, M. de Vaub (lanc) (2) de l'abbé Maury, mais quand on laisse les personnes faire parler des choses, ils sont tous à peu près de l'avis de M. de Vaub(lanc)... Quant aux idées antimonarchiques, ici personne

1. M. de Graves, ministre de la Guerre au début du ministère girondin.
2. M. de Vaublanc, député à l'Assemblée législative, l'un des membres les plus importants du parti constitutionnel.

n'y songe. Cette partie du royaume est très ani-
mée, mais si elle est égarée par ses chefs elle n'est
pas... (1). *(La lettre est inachevée.)* »

Lettre sans date à M. Théodore de Lameth (2).

Dans cette lettre M. Barnave commence par se
lamenter sur la mauvaise situation des affaires,
puis, il continue.

« ... Les hommes éclairés conviennent que si
nous ne sommes pas encore précipités dans la
guerre civile, nous ne le devons qu'à notre mol-
lesse et à la présence de l'étranger. Mais à en
juger par le progrès du désordre, le discrédit où
tombent les autorités, tous craignent que ceci se
termine par une longue anarchie à laquelle succé-
dera le pouvoir des armes... Comment voit-on
dans une telle situation les hommes les plus importants de votre parti, les uns prendre des con-
gés, les autres donner leur démission ou se retirer
des comités. Il ne faut pas se flatter de soutenir
l'esprit public avec une telle méthode. Elle a un
air d'abandon et de désespoir qui remplit l'esprit
des plus simples conjectures, elle essaie d'abattre
le courage à ceux que le torrent n'entraîne pas.

1. Archives nationales, W, 13.
2. M. Théodore de Lameth, député de l'Assemblée
législative, membre influent du parti constitutionnel.

Aussi les idées les plus extraordinaires se répandent sans que personne ose lutter. J'espère, cependant, que votre Assemblée réfléchira avant de décréter la déchéance (1). »

Il serait difficile, dans tous les documents que nous avons cités, dans les lettres que M. Barnave écrivait, de découvrir la moindre versatilité politique, et principalement la moindre démarche anticonstitutionnelle. C'est pourtant ce que l'Assemblée législative trouva quelques jours après le *10 août*. L'ancien député du Dauphiné fut décrété d'accusation.

Quel crime avait-il donc commis? Dans une réunion chez le garde des sceaux, M. Duport du Tertre, où il était question du décret rendu contre les émigrés, M. Barnave avait formulé son opinion de la manière suivante : « Le Roi, en rejetant le décret, doit spontanément écrire aux princes et aux émigrés une lettre dans laquelle il affirme son respect pour la nouvelle Constitution de la France. En même temps, il doit écrire aux puissances une réquisition motivée de ne souffrir sur leur territoire aucun rassemblement, armements, préparatifs. »

Une note rédigée sur ces bases par M. Duport

1. Archives nationales, W, 13.

du Tertre, et sur laquelle le nom de Barnave se trouvait inscrit en marge par le Roi, constitua le crime pour lequel M. Barnave monta sur l'échafaud le 28 novembre 1793 (1).

L'avocat de M. Barnave nia au tribunal révolutionnaire les relations de son client avec la Cour. Ce qui fait dire à M. Sainte-Beuve « que le sentiment moral persiste à souffrir d'une dénégation si formelle de la part de Barnave ».

Toutefois ce reproche ne nous paraît pas mérité. Il serait certainement injuste d'imputer en cette circonstance à M. Barnave la crainte de la mort. Cet homme intrépide à la tribune ne redoutait nullement une mort à laquelle il s'attendait depuis longtemps, et qu'il lui eût été loisible d'éviter s'il l'eût voulu.

Pour que ni M. Barnave ni son avocat n'aient voulu avouer devant le tribunal révolutionnaire les relations en question, nous devons chercher un autre motif et nous demander si le secret n'avait pas été promis. C'est ce qui semble résulter d'une phrase de M. Mallet du Pan, qui écrit en novembre 1791 :

« M. Vicq d'Azir a été chargé par la Reine de m'apprendre pour ma direction et confidentiellement... qu'elle est navrée des calomnies répan-

1. Xavier Roux, *Barnave, sa vie et son temps*. Grenoble, 1888, 1 vol. in-8, p. 102 et 106.

dues contre elle par les aristocrates de Coblentz
et de Worms, qu'il est non moins faux qu'elle ni
le Roi aient jamais conféré avec d'André, Barnave,
Lameth, Thouret, etc... (1). »

Quoiqu'il en soit, et malgré les erreurs qu'il
put commettre, M. Barnave ne se laissa ni séduire
ni gagner, il n'abandonna pas ses idées, il demeura toujours l'homme de 1789, et ses conseils
furent sans cesse donnés pour le soutien de la
Constitution. Nous avons pu voir par quelques
lettres la profondeur de vue et la pénétration politique de ce jeune homme devenu célèbre à un
âge où les hommes illustres n'ont pas toujours
trouvé leur voie, devenu célèbre au milieu de
toutes les célébrités de la Constituante, de ce
jeune homme dont Mirabeau disait : *C'est un
jeune arbre qui deviendra un mât de vaisseau.*

Nous ne pouvons mieux faire pour terminer
ces quelques pages que de citer les phrases atten-
dries consacrées à M. Barnave par son meilleur
ami, M. Alexandre de Lameth : « La mort de
Barnave a flétri le reste de ma vie. Il ne s'est pas
passé un jour depuis cette fatale époque, où je
n'ai douloureusement senti la perte que j'avais
faite et ces regrets que devront éprouver tous
les amis de la France. Quoique la France ne

1. Mallet du Pan, *Mémoires et Correspondance,* 1851,
2 vol. in-8, tome I*er*, p. 256.

manque pas assurément d'hommes de talent, Barnave ne sera pas remplacé, la nature réunit tant d'avantages dans un même individu : désintéressement, générosité, tant de chaleur dans l'âme, tant de calme dans le jugement, et puis un si beau talent pour défendre les droits du peuple, soit pour le gouverner. Malheureux jeune homme, pourquoi faut-il qu'il ait cru qu'il suffisait de se présenter avec une conscience irréprochable devant des monstres pour qui la vertu était le premier des crimes (1). »

1. Lettre de M. Alex. de Lameth à M. Blancard, 13 prairial an VIII.

111

Paris. — J. Mersch, imp., 4bis, Av. de Châtillon.

www.ingramcontent.com/pod-product-compliance
Lightning Source LLC
LaVergne TN
LVHW022200080426
835511LV00008B/1472